# GIL DO VIGOR

## Tem que vigorar!

# GIL DO VIGOR

# Tem que vigorar!

Como me aceitei, venci na vida
e realizei meus sonhos

GLOBOLIVROS

Copyright da presente edição © 2021 by Editora Globo S.A.
Copyright © 2021 by Gil do Vigor

Todos os direitos reservados.

Nenhuma parte desta edição pode ser utilizada ou reproduzida — em qualquer meio ou forma, seja mecânico ou eletrônico, fotocópia, gravação etc. — nem apropriada ou estocada em sistema de banco de dados sem a expressa autorização da editora.

Texto fixado conforme as regras do Novo Acordo Ortográfico da Língua Portuguesa (Decreto Legislativo nº 54, de 1995).

Editor responsável: Guilherme Samora
Editora assistente: Gabriele Fernandes
Preparação: Adriana Moreira Pedro
Revisão: Ariadne Martins e Patricia Calheiros
Design de capa: Guilherme Francini
Foto de capa: Cauê Moreno
Projeto gráfico e diagramação: Douglas K. Watanabe

CIP-BRASIL. CATALOGAÇÃO NA FONTE
SINDICATO NACIONAL DOS EDITORES DE LIVROS, RJ

V741t

Vigor, Gil do
Tem que vigorar!: como me aceitei, venci na vida e realizei meus sonhos / Gil do Vigor. — 1ª ed. — Rio de Janeiro: Globo Livros, 2021.

ISBN 978-65-88132-04-3

1. Nogueira Junior, Gilberto José, 1991— . 2. Economistas — Biografia — Brasil. 3. Homossexualidade. 4. Big Brother Brasil (Programa de Televisão). I. Título.

21-71085
CDD: 923.30866420981
CDU: 929:33-055.34(81)

Camila Donis Hartmann — Bibliotecária — CRB-7/6472

1ª edição — junho/2021

Editora Globo S.A.
Rua Marquês de Pombal, 25
Rio de Janeiro, RJ — 20230-240
www.globolivros.com.br

*Dedico este livro a Deus e à mãinha.*

# Sumário

Dor, sofrimento e fome  11
Do mundo real...  17
... para o mundo paralelo  23
O mundo paralelo que se torna realidade  25
Merenda e matemática  29
A culpa  35
Deus é bom o tempo todo  41
O perdão  47
O que levo de meu pai  49
O primeiro beijo e a primeira vez com Britney  51
Me enganando  55
Missionário  59
Arco-Íris  67
Depoimento de Xuxa Meneghel  75
O homem da camisa rosa  77
É do Vigor!  79
E me tornei uma fábrica de memes  81
Dicionário do Vigor  85

Sobre *fake news* e Teoria dos Jogos no *BBB*   **93**
Mordendo a boca   **97**
Gay, negro e nordestino   **99**
Sou indestrutível   **101**
Profecias autorrealizadoras   **107**
Discurso na prefeitura   **113**
O amor move o mundo   **115**
Depoimento de Deborah Secco   **119**

Posfácio   **121**
Agradecimentos   **125**

# Dor, sofrimento e fome

Quando penso em infância, não consigo me lembrar de nada muito feliz. Nada. Estão gravados em minha mente muitas brigas, problemas, dor, sofrimento e fome.

E conto isso sabendo que não sou o único a ter vivido assim. Existem muitos "Gils" pelo Brasil. Mas, como este livro é sobre minha vida, minhas experiências e, sobretudo, a respeito do que me tornei, não tem como falar do Gil do Vigor sem tratar daquele menino assustado que precisou criar um mundo muito próprio para poder sobreviver. E foi isso o que eu fiz na minha infância: sobrevivi.

E sobreviver, numa realidade tão dura e tão comum neste país, dói. Dói a ponto de odiar voltar para casa. Isso quando eu tinha casa para voltar. O meu nome e as cicatrizes mais profundas dessa caminhada eu recebi de meu pai, Gilberto. Ele e minha mãe, Jacira, se casaram e tiveram três filhos: Janielly, eu e Juliana. Nasci em Jaboatão dos Guararapes (PE). Como único filho homem, herdei não apenas o nome, mas também o peso de continuar sua jornada como o "macho" da família.

De meu pai, eu me lembro dos gritos, das ameaças, das brigas e da violência contra minha mãe. Mãinha, sim, foi a grande fortaleza. Sem ela, nada seríamos. Entretanto, para uma criança, aquela realidade dura e cruel, repetindo-se diversas vezes em uma mesma semana, era aterrorizante. Meu pai bebia muito e tinha problema com drogas, se envolveu até com aquelas mais pesadas, como o crack, e fazia de nosso dia a dia um grande filme de terror.

Minha mãe, uma mulher forte, como já disse, entendeu que aqueles momentos em que ele bebia representavam um risco para os filhos. E, quando eu tinha uns quatro ou cinco anos, nossa vida se tornou um verdadeiro esconde-esconde. Ela decidiu que não queria mais aquela realidade de violência para ela e seus filhos. Mas ele a ameaçava, dizia que faria coisas terríveis caso mãinha o deixasse. Então, não tivemos saída. Minha mãe procurou minha avó paterna — minha avó materna morreu bem antes de eu nascer —, que nos ajudou com passagens para São Paulo. Era uma fuga mesmo.

Mas ele nos achava. Nos perseguia. Me lembro de certa vez que isso aconteceu, ainda em São Paulo. Era um fim de ano, e eu estava com seis anos. Ele veio atrás da gente, perto da festa de Réveillon, e estávamos tranquilos em casa, celebrando uma paz que nunca tivemos — e que durou muito pouco. Ele surgiu no portão de casa, gritando, e jogou um rojão, que estourou bem ao lado do botijão de gás. Por sorte, nada de mais grave aconteceu. Ele só queria chegar lá, causar, e danem--se as consequências. Ele não tinha consideração com a gente.

Nós, os três filhos, percebíamos que minha mãe carregava um peso muito grande: cuidar de três crianças, sozinha, não era fácil. Ainda mais sem ter comida suficiente, sem ter garantia de um teto. Perdi a conta das vezes que acordei de madrugada e a vi chorando. Ela não sabia o que fazer. Tentava o máximo que podia dar conta de tudo e se esforçava demais, à exaustão. Mas nada parecia ser o suficiente.

Visitar esse lugar — minha infância — para escrever este livro é muito duro. Pois me lembro sempre de não querer voltar para esse momento. Não tínhamos recurso financeiro para nada, e tudo era muito incerto.

Um exemplo disso foi também em São Paulo, pois não tínhamos comida de fato. Minha mãe trabalhava dia e noite em serviços gerais e, frequentemente, tínhamos que ir à casa de meus tios ou de conhecidos para poder comer alguma coisa. Muitas vezes, nossa única refeição era na casa de alguém onde ela fazia faxina.

Se faltava dinheiro para comer, imagine para se deslocar. Não havia dinheiro para ônibus ou metrô. Nessas — em um desses ataques de fúria de meu pai e sem dinheiro para o aluguel —, ficamos sem ter para onde ir. Perdemos a casa e ficamos na rua. Me lembro de ter que pedir dinheiro, comida, qualquer coisa para que pudéssemos matar a fome. Eu era pequeno, estava

**Tem que vigorar!**

com Janielly, mas me lembro perfeitamente da vergonha que sentia. Recordo exatamente de compreender aquilo como uma situação constrangedora. Eu não queria pedir nada.

Mas o fato é que nunca houve garantia de que teríamos comida na mesa no dia seguinte. E ficar na rua, pedindo alimento, foi mais uma daquelas cenas que marcaram minha infância. Quantas vezes tanta gente passa por pessoas pedindo comida nessas condições e nem sequer reflete sobre a situação? Pois então, isso é algo que não acontece em minha vida. Sempre me vejo naquela pessoa pedinte. Me lembro, até hoje, da fome que sentia — e como era não saber quando eu conseguiria matá-la.

Pouco tempo depois, conseguimos chegar à casa do meu tio Zeca, que nos deu comida e arrumou passagens de ônibus para que pudéssemos voltar para Recife. Eu me lembro de que meu tio não nos recebeu com muita alegria — acho que sua esposa não gostou da gente por lá. Além disso, imagino que fosse difícil para ele lidar com o vício de meu pai. Mas sou muito grato pelas passagens e pela comida.

Infância humilde: em casa com minha mãe, minha irmã mais velha, minha cachorrinha Gabi e uma missionária americana da igreja

Fotos: arquivo pessoal

Esta foto já tiramos depois do *Big Brother*: a família sempre foi um alicerce. Na imagem, eu apareço com Juliana, Janielly e minha mãe

**Tem que vigorar!**

# Do mundo real...

Outro momento difícil que passamos em Jaboatão também é vívido em minha memória: morava com minha mãe e minhas irmãs em um sobrado. Nós ficávamos na parte de baixo e o proprietário do local, em cima. Toda data do pagamento do aluguel era motivo de aflição para nossa família. Certa vez, minha mãe não conseguiu juntar o dinheiro, e o dono da casa nos mandou embora.

Mãinha procurou minha avó paterna, pedindo um teto por algum tempo, até que conseguisse pagar um novo aluguel.

Minha avó, naquele momento, não ajudou muito. Ela impôs uma condição: para que a gente fosse morar com ela, minha mãe teria que voltar com meu pai. Ela teria que engolir os maus-tratos, os problemas, a violência e voltar com meu pai. Na cabeça de minha avó, minha mãe deveria ser a responsável por cuidar de meu pai. É um pensamento machista e retrógrado, mas que para ela fazia sentido.

Me lembro de minha mãe dizendo que ela só tinha responsabilidade com os filhos dela, e, por isso, não poderia aceitar passar por tudo aquilo novamente. A saída, então, foi a rua. Moramos um tempo na rua até que mãinha conseguisse, com a ajuda de alguns amigos e do trabalho, um novo teto. Sempre em locais muito humildes — pelos quais agradecíamos muito.

Mas era duro sentir o peso que minha mãe carregava. Era tão nítido que ela estava lutando com todas as forças que tentávamos não demonstrar quando estávamos com fome ou cansados. E ela achava que estava fracassando como mãe...

Neste momento do livro, quero passar a palavra para mãinha. Para que ela conte um pouco do seu olhar sobre a dura realidade pela qual passamos:

"Eu tenho muito orgulho de Gil e de minhas meninas, do que eles se tornaram hoje. Mas o caminho para chegar até aqui foi muito difícil. Nunca achei, por exemplo, que pudesse haver um livro contando a história dele. Livro é algo muito especial, que a gente deixa para o mundo, para sempre.

Como o Gilberto já contou aqui, sofri muita violência doméstica e psicológica por parte do pai deles. Caso eu chegasse do trabalho meia hora atrasada do horário habitual, ele me espancava. As crianças viam tudo e ficavam assustadas. Teve um momento em minha vida, nessa época Gilberto tinha quatro anos, que pensei: 'Sempre trabalhei, não dependo dele para nada. Por que estou me sujeitando a isso?'. Como ele dizia que me mataria se eu o deixasse, fugi para São Paulo com as crianças. Mas ele me perseguia, me mudei três vezes de casa por sua causa. Uma vez, quando a situação estava muito difícil, eu pensei em procurá-lo, para ele ajudar com as crianças. Já que ele era o pai, precisava colaborar com algum dinheiro. Ele me disse que só daria alguma coisa se eu me deitasse com ele. E eu prometi a mim mesma que ele jamais tocaria em mim novamente. Então, eu não só neguei como disse que não precisava de nada dele.

Quero deixar bem claro que ainda sinto a dor ao me lembrar das vezes que eu não tinha alimento para dar às crianças e elas iam dormir sem comer. O desespero era enorme, e já fiz muitas coisas para trazer comida para dentro de casa. Uma vez, quando fiquei desempregada, eu até me expus. Era uma mulher bonita e ficavam me assediando. Certa vez, recebi uma proposta: um homem me ofereceu dinheiro para eu poder comprar comida para as crianças se eu saísse com ele. E eu fiz isso. O que posso dizer a você, que está lendo este livro, é que precisar chegar a esse ponto é extremamente difícil para uma mulher. Mas não tenho vergonha: meus filhos valem mais do que eu. Não podia vê-los sofrendo, com fome, sem um teto para morar. Hoje, quando alguém julga uma mulher que se prostitui, eu a defendo com unhas e dentes. Ninguém sabe o que ela passa para ter escolhido fazer isso da vida. E eu tive que me deitar com homem para trazer comida para casa. Me vendi para criar meus filhos. E isso não me torna menor do que ninguém.

Mas, além da dor dessa época, tive muitas alegrias com meus filhos. Gilberto é um menino de ouro. Uma das coisas que me lembro é do senhor Natal. O senhor Natal tinha um comércio de frutas e verduras na feira, e ele gostava demais de Gilberto. Todo fim de semana, ele nos oferecia algumas coisas de sua banca. E ainda dava um dinheiro e dizia para Gil ir até o mercado comprar carne. À parte, Natal pagava o mototáxi para ele poder voltar para casa com as compras, pois a sacola era pesada para um menino de dez anos. Gilberto, sempre muito econômico, fazia aquele dinheirinho render: trazia arroz, fubá, andava o mercado todinho para pesquisar o que estava mais barato. E sabe o dinheiro do mototáxi? Ele também colocava na conta das compras, para poder trazer mais coisas, e voltava a pé, carregando o peso. Subindo uma ladeira enorme para chegar até a casa em que a gente morava.

Tendo passado por tudo isso, deixo aqui registrado que eu tenho um tesouro, que são meus filhos. Isso é muito maior do que eu poderia merecer. É compensador ver os três crescerem e se tornarem alguém na vida. E, por eles, eu faria tudo de novo."

Como podem ver, a história de minha mãe daria outro livro. Ela é o alicerce em casa. Ela era a chefe da família. Tenho muito orgulho dela. Como mãe solo, ela nos criou com uma força que poucas vezes presenciei na vida. Na época, ao ver aquela mulher lutando com tudo o que tinha e o que não tinha para nos dar alguma dignidade, eu precisava fingir uma força que criança não tem.

Foi quando comecei a me apegar a um mundo paralelo.

Esse sou eu, no colo de minha mãe, na adolescência

## ... para o mundo paralelo

Eu queria fugir da dor, da fome, do sofrimento. Não queria mais ver a dor no semblante de minha mãe. Não queria mais pensar na falta de comida. Não queria mais ouvir falar se tinha juntado dinheiro o suficiente para pagar o aluguel.

Foi aí que o *Big Brother Brasil* entrou na minha vida. Eu criava um mundo perfeito para onde eu conseguia fugir. Pegava uns bonequinhos de brinquedo e fingia um *Big Brother*. Vivia ali como se tivesse boas comidas, piscina, estratégia de jogo. Tudo o que eu via na TV, em um de meus programas favoritos e que me fazia passar o tempo bem, eu colocava naquele mundinho paralelo. Lá, a comida era farta. As pessoas sorriam. E, mesmo se brigassem, violência física não era permitida. Se um participante batia em outro, era motivo de expulsão. As regras de convivência eram claras. Existiam punições (e dá-lhe perder estalecas). Mesmo que algum conflito acontecesse entre meus bonequinhos, não era nada perto da realidade que a vida apresentava para mim.

Ou seja: foi o passatempo perfeito quando eu era criança. Era uma fuga da realidade. E sabe do que mais? Esse mundo paralelo serviu para que eu colocasse na cabeça que uma hora eu ia participar do programa, ganhar um bom prêmio e ter uma vida perfeita.

# O mundo paralelo que se torna realidade

Imagine você como ficou a minha cabeça quando fui chamado para o *Big Brother Brasil 21*. Tinha para mim uma certeza: participar do programa mudaria minha vida financeira, e eu poderia ajudar a minha família.

Mas o que vivi lá foi algo muito maior. Claro que conseguir ganhar um carro, prêmios e sair de lá conhecido mudou muito a minha vida. Mas não se trata só disso. Não se trata apenas de algo material. Eu saí de lá como outro ser humano. E neste livro vou contar sobre muitos fantasmas que me assombravam e que eu pude exorcizar no programa. É mais do que um reality show para quem está lá dentro. Para mim, foi transformador. É algo muito mais profundo do que a gente possa imaginar.

Eu era fã do programa, sempre quis participar, tanto que tentei em outras edições. Mas não tinha ideia da dimensão que ele teria na minha vida. Pude encarar muitos medos. Tive que refletir e me deparar com o lado ruim e o lado bom de minha personalidade. E pude, ainda, me conectar com Deus. No decorrer destas páginas, vou falar dessas mudanças todas — e foram muitas —, pois elas têm a ver com histórias de vida que são muito íntimas e pessoais. Curioso é que eu entrei na tal realidade paralela que havia criado para fugir de meus monstros e fantasmas, mas foi dentro desse mundo que eles se tornaram reais e que eu tive que encará-los.

Entrei no *BBB 21* achando que sabia de tudo. Que conhecia a dinâmica, que podia prever tudo. Tanto que, em diversos momentos, criava milhares de teorias, conspirações e histórias que só existiam na minha cabeça. Isso também é parte de mim, e tive que entender que não poderia fazer previsões. Eu podia criar inúmeras possibilidades, chutava para tudo que era lado. Até acertei algumas coisas, mas o fato é que tudo no confinamento era bastante inesperado, orgânico e, ao mesmo tempo, muito real. A cada nova edição do *Big Brother*, tudo vai ser diferente. Por quê? Porque as pessoas são diferentes. Os erros e os acertos serão diferentes. E a maneira como cada um lida com as relações, com as consequências, é que vai determinar o jogo.

Hoje, olhando tudo o que passei no programa, tenho muito orgulho das provas que venci, de ter ido do paredão para a liderança, da liderança para o paredão, de ter sido anjo, atendido o Big Fone, ganhado em prova de resistência. Mesmo as coisas ruins, como ter vivido o monstro, fizeram com que eu tivesse uma experiência completa.

Do meu jeito honesto, apresentei meus posicionamentos sem freios nos Jogos da Discórdia. Mas também ressalto que minha intensidade me colocou em diversos momentos complicados e em posição de fragilidade na casa. Vou falar sobre isso mais para a frente.

# Merenda e matemática

Voltando às minhas fugas da realidade na infância/ adolescência, preciso destacar a importância da escola para mim. É curioso que, para muita gente, a escola é algo maçante, chato, que só se frequenta por obrigação. Para mim, era o contrário. Odiava quando não tinha aula. Não queria, de jeito nenhum, estar em casa com a possibilidade de presenciar mais algum barraco ou de passar fome. A escola era uma zona segura. A educação salvou minha vida.

Tive uma professora, chamada Nelise, que foi a primeira pessoa — fora a minha mãe — a me pegar pelas mãos, a me valorizar e a dizer que acreditava em mim. Foi lá, com ela, que eu consegui enxergar alguma coisa boa; foi a primeira vez que pude vislumbrar um futuro mais palpável, menos romântico.

Para não voltar para casa, eu estudava demais. Ficava na escola mesmo depois da aula. E a professora Nelise não só me deixava ficar por lá como me passava vários exercícios avançados de matemática. Foi aí que me apaixonei pelos números. Ela tinha uma dedicação a mim que me emociona. Era a parte boa daquela época. Minha professora entendia que, naquele momento, ela estava sendo o refúgio pelo qual eu procurava. Ela via algo especial que eu mesmo não encontrava em mim na época; me citava como exemplo para os alunos de outras salas. Ali, percebi como era bom ter alguém que se orgulha de você. Foi ela que me incentivou e foi nas contas que mergulhei para matar outro tipo de fome: a de elogios e de reconhecimento.

Mas, claro, ficar na escola também matava a fome física: uma vez que a merenda, por diversas vezes, era a única refeição substanciosa que teria no dia. E passar mais tempo na escola fazia com que eu pegasse duas merendas: a da manhã e a da tarde. Não vou mentir: a merenda era a melhor parte! Eu podia me alimentar bem. E, quando se tem fome, a comida é motivo de muita felicidade.

A merenda era algo tão importante, e, a certa altura, mãinha também trabalhou como merendeira. Ela pode falar um pouco mais sobre isso:

> "A exemplo do Gilberto, na escola em que trabalhei, eu via muitas crianças frequentando as aulas também para comer. A figura de uma merendeira é importante, eles olham para você e te veem como a comida. Eles me amavam. E eu olhava para aqueles pequenininhos e lembrava

que tinha três em casa que passavam por aquilo. Que, muitas vezes, foram para escola para comer também. Quantas e quantas vezes essas crianças não saíram de casa de estômago vazio, pensando na hora de comer na escola? Acho que, até por isso, eu hoje estudo e trago para a minha culinária o reaproveitamento total dos alimentos, coisa que, na gastronomia, ainda é discriminada. Mas sinto que isso vai melhorar, não podemos jogar comida no lixo. Ainda mais com tanta gente passando fome.

Falando em escola, uma característica que me deixa muito orgulhosa no Gilberto é justamente a valorização da educação. Ele sabe que a educação é tudo e que sua vida só seria transformada com base nisso. Quando Gilberto falou em um programa de TV de enorme audiência — na maior emissora do país — que a educação é tudo, me fez muito feliz. Ele ter mostrado que veio do nada e que conseguiu tantas coisas importantes por meio do estudo é algo grandioso em nossa realidade. E é por meninos e meninas como o Gilberto que a educação pública precisa melhorar.

Quando falo sobre nossa realidade, estou falando de muita gente pelo Brasil. Mesmo sem oportunidades quando criança, eu entendia a importância dos estudos. Minha mãe faleceu quando eu era pequena, então meu pai acabou

**Tem que vigorar!**

me deixando com minha avó. E, como ela tinha muita gente para cuidar e muito com o que se preocupar, não se atinou de me colocar em escola. E eu tinha desejo de estudar. Aos treze anos, quando já trabalhava como doméstica, eu via as crianças e os adolescentes de minhas patroas estudando, com aqueles fichários lindos, e sonhava em poder frequentar uma escola e ter um fichário daqueles. Poderia colocar uma foto do Fábio Jr. ou do Guilherme Arantes na capa e ir para a escola. Uma mulher para a qual eu trabalhava notou esse meu desejo e me matriculou. Consegui fazer o primário. Mas comecei a trabalhar muito e tive que parar. Ainda voltei a estudar à noite, fiz a quinta e a sexta série ginasial e não aguentei o ritmo. Parei por ali. Foi quando casei, e a escola ficou para trás... Mas eu trabalhava fazendo serviços gerais em escritórios e ficava sonhando em trabalhar com eles, sentar-me naquelas mesas, com aqueles papéis, reuniões. Através de uma prestadora de serviços, trabalhei na limpeza no Banco do Brasil. O gerente gostou de mim e me colocou na cozinha e como responsável pela sala dele. Um dia, ele tentou me arrumar algum emprego no banco, mas eu não tinha me formado e aquilo não foi para a frente. O nome dele é Eric, e foi alguém muito importante para mim. Uma vez, ele disse uma coisa que me marcou para sempre: 'Olhe, eu quero te

Fotos: arquivo pessoal

Quando era monitor

Muita emoção
na minha formatura

**Tem que vigorar!** 33

ajudar, mas você precisa se ajudar primeiro. Sem estudo, não se vai para a frente. Você é inteligente e precisa terminar seus estudos'. E eu levei isso para a vida e fiz questão de passar para as minhas crianças. Por isso mesmo, poder assistir ao Gilberto falando de educação me deixa cheia de orgulho. Coisas assim me fazem acreditar que tudo valeu a pena."

# A culpa

Por volta de meus onze, doze anos, tentei virar modelo. Era um sonho que eu tinha. E, como tudo o que me move, me preparava muito para dar certo. E treinava. Tudo o que eu via os modelos fazendo nas fotos e nas passarelas eu tentava reproduzir em casa. Passava horas e horas na frente do espelho, ensaiando qual era a melhor postura, de qual lado eu ficava melhor, como seria meu gestual numa sessão fotográfica...

Pois bem, num desses treinamentos, quando me preparava para meu primeiro — e único — concurso, meu pai me viu. Era uma dessas vezes em que ele aparecia em casa do nada, para atormentar a família. E ele conseguiu me desestabilizar.

— O que é isso aí que você está fazendo?
— Estou treinando para o desfile.
— Isso é feio. Não faz isso. Vou passar vergonha com meus amigos.

Não falei nada na hora, fiquei calado. Mas aquilo me marcou muito. Eu entendia — mesmo sem entender direito — o que ele queria dizer com "isso é feio". E eu estava começando a me entender "diferente". Foi extremamente desconfortável, fiquei muito chateado. É bem complicado ouvir que aquilo que você é ou faz é vergonhoso. Eu sempre quis dar orgulho para a minha família. Sonhava com o dia em que meu pai elogiaria algo em mim. Mas, naquele momento, o que ele fez foi tirar 70% do meu desejo de ser modelo. E o que restou foi-se embora no tal do desfile. Fiquei em último lugar e desisti da "carreira".

Quando eu era criança, não aceitava que pudesse ser gay. Tinha um amigo, Alex, que falava: "Você é bicha!". E eu ficava mortificado com aquilo, achava errado. Acreditava no peso das palavras que ouvimos na igreja contra os gays.

Aos doze anos, eu era uma criança alegre e comunicativa. Já tinha algo diferente em mim desde pequeno. Lembro que o meu avô começou a vender cadernos e livros na feira e pediu para que eu o ajudasse, já que gostava muito de falar com as pessoas. E eu fazia isso com gosto. Conversava, vendia — era uma beleza. Mas ele não me pagou o prometido pelo trabalho e voltei para casa sem o dinheiro para o botijão de gás.

— Não se avexe, não — disse minha mãe. — Vou colocar uma lenha aqui, cozinhar no carvão, e você come.

E, mesmo sem meu pagamento, voltei para a feira, pois o contato com as pessoas me dava alegria. Mas esse meu jeito espontâneo sempre era motivo de cochichos e de chacota.

Cerca de um ano depois que entendi, de fato: sou gay. Mas isso não significou minha aceitação, pelo contrário, eu já tinha trejeitos, sentia alguns olhares de reprovação e sofria bullying, e pensei: "Tô lascado! Vai dar ruim!".

Além disso, eu já era motivo de chacota na escola por não ter um caderno bonito como os outros e porque meus pais não iam às reuniões de pais e mestres, pois minha mãe trabalhava muito e meu pai nos deixara.

Eu sentia a diferença do que era ter uma estrutura familiar quando ia à casa de meus coleguinhas. Naqueles lares, muitas vezes, além de ver a comida farta na mesa, via um pai presente além da mãe.

Admito que com isso minha cabeça se enchia de questões: "Por que os outros têm isso e eu não?". Não era inveja, nunca quis ter o que era do outro. Mas eu queria entender o motivo de tanta falta.

Imagine, então, quando cheguei à conclusão de que sou gay. Pronto. Pensei: "Agora, sim, é que sou todo errado, podem me jogar no lixo". Entendam que a aceitação para um menino nordestino, único filho homem, em uma sociedade machista e homofóbica era algo praticamente fora de questão.

Uma das piores coisas pelas quais passei tem a ver justamente com meu jeito. E sei que muita gente vai entender sobre o que estou escrevendo aqui. É quando você está falando sobre algo e alguém aponta e diz: "Olha o

**Tem que vigorar!**

jeito dele!". A sensação é horrível. O que tem meu jeito? O que há de errado nele? Não posso ser como sou? Mas o que mais me dói nisso tudo é que eu não estava preparado para lidar com aquilo. E usei da mesma violência psicológica contra pessoas iguais a mim como forma de me proteger. Tinha tanto medo quando as pessoas apontavam para mim que, ao me deparar com outras pessoas parecidas comigo, ao me reconhecer nelas, eu apontava: "É bicha!".

O dia que mais me marcou foi quando fiz isso com o Nailson... Todo mundo estava tirando onda com ele, e eu fui fazer o mesmo. Então, ele me olhou e disse:

— Até tu, Gilberto?

Naquele dia, voltei para casa muito mal. Aquela frase doeu demais.

Achava que, se fizesse isso, mesmo que momentaneamente, as pessoas parariam de falar sobre mim. Era puro medo. E eu estava, indiretamente, me atacando ao julgar e falar essas coisas terríveis para outros que viviam a mesma situação que eu. Até falei sobre isso no programa, mas eu queria aproveitar que estou escrevendo um livro para deixar isso registrado: a você, que ataquei, que magoei por ser igual a mim, eu peço perdão. Eu me arrependo do fundo do coração e quero que você entenda que seu jeito é perfeito. Que ninguém pode te julgar. Que sua força é maior do que o preconceito.

Arquivo pessoal

Esta foto é do concurso de modelo, quando fiquei em último lugar

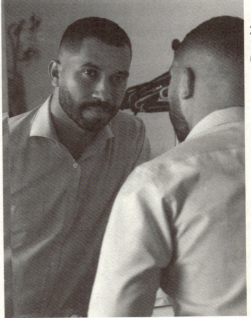

Cauê Moreno

Olhem para a outra foto e olhem para esta agora. Vigorei, não foi?

**Tem que vigorar!** 39

# Deus é bom o tempo todo

Domingo era o pior dia da semana: como disse, não gostava de ficar em casa, porque, até meus quinze anos, meu pai, mesmo separado da minha mãe, vivia aparecendo bêbado e nos atormentando. Eu tinha trauma de almoço ou de festa com família e bebida, pois me lembrava dele gritando com minha mãe e até batendo nela.

Ou seja: domingo era o dia da confusão, da briga, de tudo de ruim.

Mas as coisas mudaram quando entrei para a igreja. Depois do meu mundo paralelo e da escola, a igreja virou meu refúgio. Mesmo nos dias de semana, quando estudava, muitas vezes rumava direto para a igreja, para nem ter que passar em casa. E, aos domingos, ficava o dia todo lá. Glória a Deus! Um dia inteiro sem ter que voltar para casa. Domingo passou do pior para o melhor dia da semana.

O fato é que busquei várias religiões quando criança. No começo, fiz catecismo e me dediquei ao catolicismo.

Mas, aos dez anos, conheci a Igreja de Jesus Cristo dos Santos dos Últimos Dias, vulgarmente conhecida como Igreja Mórmon, e me filiei a ela pela doutrina e pela relação com os jovens. E então a igreja me resgatou. Desde que entrei para a igreja, perdemos casa, não tínhamos comida, caiu barreira. E eles nos davam comida quando faltava. Também nos davam roupas — usadas, mas davam. Quando falo de igreja, divido muito bem a minha fé e a minha crença (que é um sentimento que tenho com Deus, com o invisível) e a minha gratidão (me sinto em dívida com o que eles fizeram por mim, em um dos momentos que mais precisei). Claro que, como tudo o que envolve o ser humano, existem dois lados. E nem todo mundo te faz bem o tempo todo. E foi nessa época que aconteceu um fato que me marcou muito. Mas minha mãe pode contar melhor do que eu essa parte, que me entristeceu tanto na ocasião e até hoje me deixa meio confuso. Então, com a palavra, novamente, dona Jacira:

> "Desde pequeno, percebia que Gil era diferente. Mãe sabe. Os primos brincavam com ele, e ele sempre foi mais meigo. Era mais carinhoso, não tinha aquela coisa de brincar de bater. Ele é tão especial, tão amoroso, tão diferente de tudo, que eu nutria cada vez mais carinho e amor por ele. Mas, ao mesmo tempo, não queria que ele sofresse. Dos meus três filhos, ele sempre foi o mais companheiro. Dormiu comigo na

cama — até porque a casa era sempre muito pequena — até os dezessete anos. Minhas filhas dormiam num quarto, e ele dormia comigo. Agarrado com meu pé.

Pois bem, imagine você que está lendo como fica essa mãe apegada, essa mãe leoa, do signo de áries, quando mexem com o filho dela! Quando Gilberto tinha treze anos, um bispo da igreja me enfureceu. Estava em casa, e Gil entrou pela porta aos prantos. Chorava muito. Ele estava com uma professora do seminário — da igreja —, que tentava acalmá-lo. Foi quando eles me contaram o que aconteceu: lá na igreja promoviam campeonatos entre os adolescentes, e Gil, que sempre foi muito inteligente, tinha ganhado por três anos consecutivos. Eles decoravam cem escrituras e tinham que falar de onde era o quê. E Gilberto sabia tudo. Em um desses campeonatos, na igreja, o tal bispo soltou: 'Só essa Barbie ganha?'. Além disso, expulsou meu filho de lá e, quando a professora, Elisângela, ficou do lado do menino, a expulsou também.

Aquela frase, obviamente, foi para debochar do jeito do meu filho, que já estava confuso na época e se culpava por tudo. Quando eles me contaram, claro, fiquei indignada! Revoltada!

Fui até a casa do bispo com um bocado de pedras nas mãos. Ele não quis me atender, mas fiquei com tanto ódio que joguei as pedras na

**Tem que vigorar!**

casa dele. Ainda bem que ele não apareceu, porque nem sei o que poderia ter feito. Ele não tinha o direito de fazer o que fez com meu filho.

Na época, queria prestar queixa, mas Gil pediu que não fizesse isso. Ele dizia que não queria se expor. Ficou com medo do que aquilo causaria para ele. Sabe o que tanto falam da vítima com medo? Foi o que Gilberto passou.

Gil, então, mudou de capela. E o bispo da outra capela me chamou e falou que ele era especial. E ainda me disse:

— Eu tenho três filhas e queria ter um filho como Gilberto. Muitos pais, ricos de dinheiro, queriam ter um filho como o seu, Jacira.

Ele me disse que o que o colega dele tinha feito era, realmente, inaceitável. E deu todo o suporte para Gilberto lá. Assim, as coisas melhoraram."

Mãinha sempre foi muito explosiva. Agradeço por o bispo não ter aparecido naquela porta — nem sei do que ela seria capaz. Mas, na outra capela, pude ter algum sossego. Eles me ajudaram e me acolheram. Portanto, sempre que me perguntam sobre Deus, sobre minha fé, eu tenho uma certeza: Deus é bom o tempo todo. Deus é muito maior do que a gente consegue imaginar.

Passamos por muitas coisas no mundo. Passei fome, meu pai afetou a família toda. Tenho traumas, problemas e dificuldades como todas as famílias afetadas pelas drogas. Mas, veja só, hoje posso falar sobre isso para muitos jovens que passam pelo mesmo problema. Se eu puder levar um pouco de conforto, se eu puder mostrar algum caminho, Deus pode me usar, usar minha atitude para que outros jovens possam ser abençoados e confortados. Se conseguir isso, já valeu por tudo o que vivi. Não coloco na conta de Deus as coisas difíceis pelas quais passei, mas na conta de meu pai, de meus antepassados.

Muito das características que tenho hoje é em função do que vivi. Não foi fácil. Muitas vezes não entendi o motivo de tudo o que acontecia. Mas, por mim, valeu a pena demais. Só consigo ser grato pelo que passei e por ter superado esses obstáculos.

# O perdão

Na vida, na igreja, em minha missão, sempre falei sobre o ato de perdoar. Mas, para ser bem honesto, nunca havia perdoado meu pai por causar tanto sofrimento à nossa família. Mesmo com todo o esforço, com minhas orações, era algo que estava longe de acontecer. As feridas permaneciam abertas.

Hoje posso dizer que perdoei meu pai. E, se você me perguntar como isso aconteceu, afirmo: o perdoei em pleno *BBB*. Foi no reality show, aquele mesmo que achei que fosse gostar só pela diversão, pela piscina e pela melhora financeira de minha família, onde encontrei o perdão ao meu pai.

Nas festas, a música "Ilusão 'Cracolândia'", de Alok, MC Hariel, MC Davi, MC Ryan SP, Salvador da Rima e Djay W, tocava muito. A letra é muito real, pesada. Em algum momento, a música diz que a Cracolândia está lotada de curiosos. E meu pai, além da bebida, se envolveu com crack. Toda vez que a música começava, algo acontecia dentro de mim. Senti — mesmo já sabendo racionalmente — que precisava entender que drogas são complicadas. Que o vício é uma doença. A pessoa não se vicia e chega àquele ponto de descontrole porque quer. É muito estranho escrever isso tudo agora, pois, na teoria, já sabia de todas essas questões. Estudo sobre isso. Mas, na prática, ainda estava muito machucado. O vício é um problema de saúde pública. O vício nas drogas, além de tirar a dignidade, retira o controle da própria vida. E, repito, é uma doença. Por isso, eu o perdoo. Não acredito que possamos apagar nada do que passou. As marcas que ficaram são profundas, em mim e em minha família. Mas perdoar é um passo importante no meu entendimento. Remoer coisas ruins pode se voltar contra mim mesmo. E acredito que preciso gastar meu tempo com mais coisas regozijantes.

E tem mais: ninguém é santo. Você já esteve no papel de pedir perdão? E já perdoou alguém que te causou mal? O perdão deixa tudo mais leve. E liberta.

# O que levo de meu pai

Sei que, em uma realidade como a minha, muitos jovens se envolvem com drogas pesadas e se perdem pelo caminho. Ainda mais quando todo mundo parece estar te lembrando de que você não vai conseguir. Por exemplo, por causa do que as pessoas falavam, cheguei a acreditar — muitas vezes — que fosse louco.
Se estudava demais: "Esse menino vai ficar doido!".
Se brincava de *BBB* com meus bonequinhos e dizia que um dia participaria do programa: "Esse menino é maluco!".
Foram inúmeras as vezes que me apontaram como maluco. Inúmeras. E, de certo modo, eles apontavam aqueles com deficiência intelectual e que são muitas vezes abandonados por suas famílias nas ruas. E falar dessa maneira é um desrespeito com essas pessoas. Aproveitando que estou escrevendo este livro, que vai chegar a muita gente, seria bom que todos repensassem termos como "maluco", "doido", "retardado". Usá-los assim é muito feio, desrespeitoso e errado.

**Tem que vigorar!** 49

Mas o fato é que, por causa de minha personalidade sonhadora, por meu jeito intenso, não me respeitavam. Confesso que, em alguns momentos, surtei. Quis até largar tudo e parar de estudar. Pensei, sim, se as drogas não poderiam ser uma saída para essa realidade que me consumia. E, até hoje, grito, surto, mas volto logo à minha racionalidade. E concluo: tenho que vigorar e seguir minha vida.

Digo isso para falar um pouco mais sobre drogas e sobre o exemplo que meu pai — mesmo com todo o mal que me causou — me deixou. Certa vez, na faculdade, saí com amigos para uma balada e um deles me disse:

— Vamos ali.

Chegamos a um canto, e a galera tirou cocaína do bolso. Começaram a cheirar e me ofereceram. Fiquei assustado. Aquilo teve um impacto em mim que eu nem esperava. Tudo o que meu pai sofreu — e o que sofremos com ele naquele estado — veio à minha cabeça. E me afastei dessas pessoas.

Não quero julgar ninguém, apenas sei que não quero isso para mim. Não quero para a minha vida.

Sempre que pensava nas drogas, me lembrava do meu pai e do quanto não queria ter uma vida como a dele. Pude acompanhar de perto o nível de autodestruição — e destruição de tudo à sua volta — a que ele chegou. Se, muitas vezes, o pai é um exemplo positivo para alguém, de uma pessoa na qual você se inspira, no meu caso, foi justamente o contrário.

# O primeiro beijo e a primeira vez com Britney

Mesmo — ainda — sem minha própria aceitação, dei meu primeiro beijo aos quinze anos. Na época, estava muito firme na igreja, achava que tudo era pecado. Era uma pressão forte dentro de minha cabeça. Ao mesmo tempo, estava tentando uma vaga no programa de jovem aprendiz que seria um sonho. Um gerente da Caixa Econômica Federal, ao notar as dificuldades de minha família, nos direcionou ao Movimento de Apoio aos Meninos de Rua (Mamer), em Jaboatão. Minha irmã Janielly é de 1989 e eu, de 1991. Portanto, ela chegou à idade exigida pelo programa antes de mim. Mas foi demitida por ter faltado ao emprego. As normas eram muito rígidas e precisavam ser seguidas.

Um ano e meio depois, chegou a minha idade para me tornar um jovem aprendiz. Mas não consegui. O motivo? É que, pela experiência com Janielly, eles não quiseram se arriscar comigo por ser de uma família de uma "pessoa problemática". E era meu sonho trabalhar em banco. Nossa, aquilo me afetou de um jeito. Eu, que sempre fui dedicado, perdi a oportunidade por algo que não tinha feito. Me bateu um sentimento de inferioridade horrível. Sentia que estava perdendo a chance da minha vida. Algo em mim dizia que, se eu entrasse no banco como jovem aprendiz, teria a oportunidade de crescer lá dentro. Ia me esforçar para isso.

Imagine, então, esse sentimento de inferioridade, de perder o que eu considerava ser a chance de minha vida, com toda a complexidade de estar passando pela adolescência (eita fase complicada!). Confuso, comecei a questionar Deus. Questionar os caminhos. Confesso: fiquei um pouco rebelde.

Me lembro de, um dia, minha mãe pedir para que eu comprasse algo muito longe de casa — era uma ladeira enorme. Desci chateado, revoltado, e encontrei meu amigo Alex (que dizia que eu era "bicha"). Me bateu um negócio inexplicável. Marquei um esquema e combinei de encontrá-lo mais tarde. Seria eu, ele e um casal de amigas. Na minha cabeça — em negação —, queria pelo menos poder dizer que gostava de meninos e de meninas. Então, no encontro falei:

— Se a Denise me beijar, eu beijo o Alex.

Ela me beijou.

Eu beijei Alex.

E, quando eu o beijei, entendi o que era bom.

Fã da Britney Spears, Alex colocou música dela para tocar e, a partir daí, ela entrou para a trilha sonora da minha vida. Me apaixonei — por Britney e por Alex.

E nós começamos a ficar. Era um tal de chamego: Alex, eu e Britney (ela sempre estava presente nas músicas). Entretanto, ele vivia reclamando que eu estudava muito e que queria passar mais tempo comigo. Sempre deixei claro que os estudos vinham em primeiro lugar. Era rebelde, mas não era besta. Sempre soube que a educação é o que pode transformar a vida das pessoas.

Pois bem, um belo dia, no qual a trilha também seria Britney, Alex me chamou para ir à casa dele. Ao chegar lá, o peguei beijando Lázaro.

Alex olhou para mim e cantou:

*Oops, I did it again/ I played with your heart...* [Oops, eu fiz de novo/ eu brinquei com seu coração...]

Foi horrível. Mas foi o jeito dele me dizer que não concordava quando eu colocava os estudos antes de nosso relacionamento. Logo depois, conheci e me apaixonei por Lucas. Que acabou ficando com Alex. Pois é... hoje, eu e Alex continuamos amigos. O que passou, passou. E por uma coisa eu o agradeço: ele trouxe a Britney para a minha vida.

# Me enganando

Aquelas desilusões todas me deixaram muito mal. E eu achava que ficar com meninos fosse pecado. Sofria demais. Então, pensei: se é para pecar e sofrer, fico santo e sofro. Decidi voltar com tudo para a igreja e, para me proteger, decidi não ficar mais com meninos. Estava disposto a negar quem eu era. Olha que loucura...

Também comecei, aos quinze anos, a trabalhar em um restaurante no Shopping Guararapes. Limpava caixa de gordura, fazia de tudo. As pessoas de lá gostavam muito de mim, tinha apenas um funcionário que passou a me atormentar, não sei bem o motivo. Tanto que um dia estava voltando para casa, e ele me falou:

— Você ainda não limpou isso aqui.

— Limpei, sim — respondi.

— Não limpou.

E ele espalhou um monte de sujeira para que eu fizesse o trabalho novamente. E ainda me deu um soco. Quando fui contar para minha mãe sobre esse funcionário, ela

**Tem que vigorar!**

me disse: "É lá que você ganha algum dinheiro, meu filho. Trabalho não mata ninguém". E eu a compreendi, mas estava sendo muito complicado, ainda mais tendo que estudar bastante ao mesmo tempo, e o cansaço, frequentemente, me tomava.

No meio da confusão que virou a minha vida, com toda a culpa que carregava por causa de minha sexualidade, achei que precisasse namorar uma garota. Pensava que, se fizesse isso, tudo passaria. Não seria mais gay. Era como se acreditasse que havia uma chave de liga/desliga — era ao que me apegava naquele momento.

Foi quando Celyone entrou em minha vida. Nós nos conhecemos no coral da igreja. Eu não prestava muita atenção nela, não tínhamos nada muito especial, nem fomos próximos no início. Mas um dia eu tive um sonho. E, no sonho, eu a namorava. Eu, então, decidi investir nela. Nosso relacionamento foi aos dezesseis anos. Mas ela tinha um discurso com o qual eu não concordava: dizia que se eu e ela sofremos na infância, nossos filhos teriam que sofrer também. Que só o sofrimento faria com que eles valorizassem a vida, e nos afastamos por causa disso.

Então, tempos depois, na Escola Luiz Delgado, me apaixonei pelo Mauro. Ele começou a conversar comigo, e senti que havia uma coisa entre a gente. Havia um interesse mútuo. Fui ficando cada vez mais envolvido. Um dia, estava escovando os dentes no banheiro da escola, ele me esperou na porta e me deu um beijo.

— Agora você entendeu? — me disse, dando as costas e saindo.

Entender, eu entendi. Mas, como Mauro não era assumido, ele ficou com medo de se expor por causa disso. Ficava me evitando. Era o fim do terceiro ano, e eu estava esperando uma nota de uma prova — acho que de português, não me lembro bem. Mas me lembro muito bem de que, ao sair da sala, o vi ficando com uma menina. A cena do beijo ficou congelada na minha mente. Foi a primeira vez que doeu de verdade. Doeu o peito.

Estudava, estudava e estudava, pois sabia que mergulhando nos estudos eu o esqueceria. Ao mesmo tempo, a cada decepção, ficava cada vez mais forte na igreja. Foi quando decidi pela missão.

# Missionário

Um dos locais mais importantes da minha vida profissional foi na Bertier Corretores de Seguros. Entrei lá aos dezessete anos e trabalhei na área de sinistros. Desenvolvi muita humanidade, criei ainda mais sensibilidade vendo a dor, a raiva e o rancor de quem perdeu entes queridos. Eu era muito valorizado pelos proprietários de lá e comecei a perceber que tinha jeito para lidar com as pessoas.

Saí de lá aos dezenove anos justamente para colocar essa sensibilidade em prática como missionário. Na Igreja de Jesus Cristo dos Santos dos Últimos Dias, acreditamos que temos que seguir em missão. O homem tem a obrigação de servir como missionário. Em 2011, decidi seguir o meu dever de pregar o evangelho.

Funciona da seguinte maneira: mandamos uma carta ao presidente, falando que vamos servir, e ele nos informa para qual cidade iremos. Na minha época, o presidente era Thomas Spencer Monson (1927-2018).

Ele respondeu à minha carta indicando que deveria servir no estado de São Paulo.

Aconteceu de tudo nessa missão. Uma vez, meu companheiro e eu fomos surpreendidos por um cara de uns dezoito anos dizendo: "Bora, bora, bora! Passa o telefone!".

Na hora, fiquei muito surpreso: eu, missionário, sem dinheiro, sendo assaltado. "É o quê, menino?", disse, incrédulo. "Eu sou um servo de Deus, e tu quer pegar meu telefone?"

Nessa época, ganhava cerca de cem reais por quinzena e andava feito um condenado pelo Brasil afora pregando a palavra de Deus. Meu parceiro americano, coitado, tremia inteiro, nervoso. E, novamente, o menino disse: "Só me dê o celular!". E eu: "Ninguém vai dar celular aqui, não!". Eu tinha apenas um celular bem velho, que nem foto tirava, que usava para falar com o presidente da igreja.

Então, quando o assaltante estava quase desistindo e indo embora, meu companheiro disse: "Tome aqui". Eu fiquei indignado!

No fundo, não sabia se o cara estava armado, mas, na missão, não tinha medo de ninguém, não! Tinha uma coragem... Passei por cada lugar, encontrei todo tipo de pessoa... Sendo sincero, sentia como se eu tivesse uma forte proteção vinda do céu. Mas, se eu puder te dar um conselho: jamais reaja a um assalto.

Durante a missão, eu me reprimia. Negava quem eu era. Achava que, por ser missionário, fosse ser "curado".

Como se homossexualidade fosse uma doença. Era algo que me dilacerava profundamente. Durante a missão, um de meus companheiros repetia: "Amigo, teu jeito está errado". Eu não quero andar contigo na rua assim. Isso não é jeito de homem". Era uma agonia enorme. Eu estava, novamente, às voltas com meu "jeito errado". E, muito confuso, eu estava disposto a fazer de tudo. Ele propôs, então, um treinamento. Sim, um treinamento de "jeito de homem". Eu ficava tentando reproduzir "maneiras masculinas" de me portar, enquanto meu companheiro de missão filmava e me mostrava, dizendo em que eu estava errando. Em seguida, a gente filmava de novo, já "melhorando" a performance. Eu assistia àquilo e ficava com vergonha. Tanto que até hoje eu tenho receio de me ver em vídeo.

Essas coisas absurdas pelas quais passava me faziam demorar ainda mais para aceitar minha sexualidade, para aceitar que não sou doente, que é tudo um enorme preconceito. Mas cada um tem seu tempo para entender as coisas, e, no meu caso, não foi da noite para o dia. Demorou muito.

Na missão, seguimos regras rígidas. Hierarquia e liderança. E eu cheguei ao cargo máximo da missão — o chamado mais alto, que é o de assistente do presidente. A cada duzentos missionários, só dois conseguem. E eu fui um deles. Logo no primeiro mês, tive um sonho de que isso aconteceria. O presidente é o membro da igreja de maior conhecimento, e estar próximo a ele seria uma bênção. Desenvolvi muitas características de liderança

**Tem que vigorar!** 61

inspirado nele. Cheguei como júnior; três meses depois já era treinador; em seis meses fui líder de distrito; em nove, líder de missão e, então, fui convidado para ser assistente do presidente. O presidente, para mim, representa meu pai. E ele me dizia, o tempo todo, que Deus estava do meu lado. Que Deus me amava.

Quando voltei para casa, pensei: estou regozijado, não preciso de ninguém. Não vou ficar com mais ninguém. Não vou beijar ninguém. Sentia, cada vez mais forte, a presença de Deus no meu coração. No dia em que voltei à universidade, ao chegar à parada de ônibus no retorno para casa, avistei um monte de gente brincando e correndo. Era a calourada de medicina. Um homem, lindo, surgiu do meio das pessoas e me beijou, e eu saí correndo. Mas, mesmo confuso, eu estava tão próximo a Deus, sentia tanto Ele ao meu lado, que aquilo me parecia um sinal: Deus não erra. Ele é perfeito. Portanto, não posso ser um erro. Deus não erra. Ele é perfeito. Portanto, o que sinto não está errado.

Foi aí que começou a minha aceitação. Mas os sentimentos eram como ondas: em momentos, me aceitava. Em outros, não. Era tudo muito complicado.

Tanto que, voltando um pouco no tempo, quando contei para mãinha, foi uma experiência muito difícil e uma decisão complicada para tomar. Tinha uns dezesseis ou dezessete anos quando a chamei, me sentei ao seu lado e comecei a chorar, falando:

— Eu me esforço muito para que isso não aconteça, mas não adianta nada, tenho atração física por homem.

Isso me magoa muito. Na Bíblia diz que não pode, que é abominação...

Minha mãe, também chorando ao ver meu estado, me disse:

— Não fica assim, isso é normal. É uma besteira ficar assim por causa de coisas que a igreja fala. Você não deve carregar essa culpa. Você é perfeito e não tem nada de errado ser gay.

O carinho e a aceitação de minha mãe foram muito importantes. Mas quem estuda ou lê a Bíblia sabe que somos chamados de abominação. E isso machuca muito. Afeminados não vão herdar o reino de Deus? Eu me pergunto por quê. Se Deus é perfeito e me fez afeminado, já nasço condenado ao inferno?

Com o tempo, fui percebendo outras coisas no Livro. Eles dizem, também, que misturar tecidos diferentes em roupa também é pecado. Assim como comer carne de porco. Tatuagem ou qualquer coisa que modifique o corpo também. Tem muita coisa ali que temos que entender na janela dos tempos, que eram outros. Temos que entender, ainda, que a Bíblia passou por edições e é resultado das mãos dos humanos. E nós, humanos, somos falhos. Ao longo dos séculos, os Livros também passaram por traduções — traduções em que vários sentidos de palavras foram perdidos ou deturpados por interesse financeiro, político e de poder.

Deus dá o conhecimento e a medicina para que as sociedades avancem. E temos que pensar nesse avanço também nas interpretações. Um exemplo? Várias igrejas que criticavam rádio, TV e internet hoje pedem dinheiro por meio desses canais. Se levar tudo o que está escrito na Bíblia "ao pé da letra", ninguém vai conseguir sua passagem para o céu. Nem eu, nem você, nem ninguém.

E Deus é bom. Ele quer me salvar. Ele quer te salvar.

E eu fui salvo no *Big Brother*. Foi lá que acolhi quem eu sou por completo.

Estas são imagens de minha missão e da igreja.
A fé é muito importante em minha vida

# Arco-Íris

Foi na minha festa do líder, no *BBB*, que eu me entendi plenamente, que eu quebrei tudo. E me aceitei. Deus me aceita. Eu não tinha que me esconder de ninguém, nem de mim mesmo.
    Como cheguei a isso? Antes daquela prova, orei a Deus. Falava muito com Ele durante o programa todo e nos conectamos enormemente. Em diversos momentos, Ele me respondeu, me mostrou os caminhos. E orei assim: "Deus, eu quero minha festa Rainbow [arco-íris]. Quero uma festa para celebrar quem eu sou. Se for a Tua vontade, me mostra o número da chave sorteada. Dá um jeito de falar comigo". Na hora que orei, apareceram quatro números na minha mente. Um deles, o 1, começou a crescer, crescer, crescer.
    Pensei: "Deus está falando comigo. Vou escolher o 1. Se eu acertar, é a resposta Dele". E acertei. E tenho certeza de que Ele falou comigo. Ele quis que eu fizesse a festa com o tema arco-íris. Para todo o Brasil, na Globo.

Quando entrei com aquele figurino, vi aquelas cores representando quem eu sou, meu Nordeste representado na comida... Deus também está no arco-íris. Tudo fazia sentido. Foi um rito de passagem. De aceitação. Você tem noção de que a Xuxa me ligou, assim que eu saí do *BBB*, para falar que minha representatividade para os jovens LGBTQIA+ é importante? A Xuxa! Eu sonho alto, mas nunca achei que fosse receber uma ligação da Xuxa me falando isso.

E, sim, eu fiz uma performance dublando Britney. Sim, fiquei sabendo que aquela festa movimentou o Twitter como poucas. Sim, eu posso ser quem eu sou. E Deus está feliz com isso.

Foi no *Big Brother*, também, que protagonizei, com o Lucas, uma das cenas mais reveladoras e libertadoras de minha vida: um beijão, apaixonado, na boca. No meio de uma festa e do nada. E a Globo exibiu, lindamente, mostrando que o amor entre dois homens existe, é normal e não tem nada de errado.

Mesmo eu sendo gay ou não, fazendo minha cachorrada ou não, tomando cachaça ou não, Deus não deixa, de maneira alguma, de falar comigo. Sei que muitas pessoas me julgam pelo meu jeito extrovertido de ser. Perdi a conta das vezes em que fui chamado de louco, maluco. Mas sou assim mesmo. Às vezes, falo demais, passo do ponto. Depois me arrependo, choro... sou sincero e intenso! E dou graças a Deus por isso. Não sei ser diferente. Há pessoas — nas igrejas e fora delas — sofrendo por não poder ser quem são de verdade. Em Utah, estado localizado no oeste dos Estados Unidos, por exemplo, a taxa de suicídio entre jovens gays mórmons é muito alta.[1] A vida para a comunidade LGBTQIA+ dentro das igrejas é muito complicada. Por isso, desejava do fundo do coração que a minha participação no *BBB* chegasse até esses jovens, para que vissem, por exemplo, que eu ganhei aquele carro durante a prova do líder somente porque fiz uma oração no intervalo do programa e Deus me mostrou o número certo para vencer. Para que compreendessem que Deus não vai deixar de falar com eles por ser quem são.

Se tiverem captado isso, já valeu a pena. Quando me enviam uma mensagem no meu Instagram dizendo "Gil, tu é um fuleiro, mas eu me identifiquei com você e hoje eu consigo ser quem eu sou, sem ter medo", para mim, ter participado do *BBB* já valeu a pena.

Enquanto estava escrevendo este livro, fui vítima de homofobia por meio de um áudio vazado na internet. Não foi a primeira nem será a última vez, infelizmente — e coisas como essa sempre vão doer. Não vou baixar minha cabeça e sigo meu caminho. E, como eu não vim do lixo pra perder pra basculho, não vou desistir.

---

[1] "Suicídio entre jovens mórmons dobra desde 2008." *Vozes Mórmons*. Disponível em: <https://vozesmormons.org/2016/06/24/suicidio-entre-jovens-mormons-dobra-desde-2008/>. Acesso em: 18 maio 2021.

Cauê Moreno

A aceitação e poder gostar de quem eu sou só vieram depois
de muitos anos de batalhas internas, dúvidas e culpa

**Tem que vigorar!**

O Brasil ainda é um dos países que mais mata pessoas LGBTQIA+ no mundo todo.[2] Por isso, estar vivo é um ato de resistência. Ser quem você é em sua essência é um ato de resistência. Escrever este livro é um ato de resistência.

Precisamos dar voz para todos os "Gils" que vivem no anonimato, que sofrem, que apanham... E você, que está lendo estas linhas e não é LGBTQIA+, por favor, te convido: apoie um amigo ou um parente que seja. Dê uma palavra de carinho, acolha. Essa pessoa pode estar precisando muito.

---

[2] "Brasil, o país da diversidade que mais mata LGBTQIA+." *Folha de S.Paulo*. Disponível em: <https://www1.folha.uol.com.br/opiniao/2019/07/brasil-o-pais-da-diversidade-que-mais-mata-lgbtqia.shtml>. Acesso em: 18 maio 2021.

Cauê Moreno

**Tem que vigorar!**  73

"O que me chamou atenção no Gil foram a espontaneidade e a verdade nos seus gestos, olhar e atitudes. Logo que ele saiu do programa, tive a oportunidade de telefonar para ele e falar que ele tem uma missão enorme. Criado num meio muito religioso, ele mostrou para o mundo que a sexualidade é uma condição. Não é opção. Se nasce assim e pronto.

E ele se mostra inteiro: quem ele é, o que ele é, como ele é, amando a Deus acima de qualquer coisa. E Deus está dentro dele.

Ele nos fez sorrir muito, encheu nossas noites de alegria com seu jeito divertido no *BBB*. Mas ele tem uma missão muito maior do que a gente imagina. Acredito que, com Gil, as pessoas vão repensar bastante sobre aceitação; muitas mães vão se espelhar no exemplo de Jacira e aceitar o filho, como ela faz. Afinal, ele é perfeito do jeito que é. Acredito também que aqueles que ainda não entenderam que o mundo só se faz com respeito vão olhar as pessoas LGBTQIA+ com mais carinho.

Ele é um cara estudioso e teve a oportunidade de viver um *BBB* com toda a intensidade. Em nenhum segundo teve medo de mostrar quem ele era, qual era a sua essência.

Ao ver o Gil sendo assim, fico feliz por ter cada vez mais certeza de uma coisa: todos nós somos filhos de Deus."

Xuxa Meneghel

# O homem da camisa rosa

Minha questão com roupas é curiosa. Como a gente não tinha dinheiro para comprá-las, estava sempre com roupas usadas que ganhava, geralmente muito maiores do que eu. Na minha infância, tinha um conjunto de camisa e calça verdes e ia a todos os lugares vestido assim. Tanto que me apelidaram de "esperança", por causa da cor da roupa.

O tempo passou, e eu continuei com poucas roupas. Tinha que escolher entre roupas e coisas supérfluas ou ajudar a pagar as contas de casa, material para a universidade etc.

Tanto que, ao entrar no reality, eu não tinha roupa. Fui sem nada, praticamente com a roupa do corpo. E chorei quando a produção fez uma feira para mim e mandou algumas roupas para eu poder, pelo menos, me vestir durante o programa.

A camisa rosa e o sapato representavam algo mais para mim. É meu sonho realizado. Logo antes de entrarmos, fazemos aquelas fotos do líder, do anjo, do paredão... Quando entrei e vi, no queridômetro, aquela foto pequenininha, mas mostrando que eu estava com a camisa rosa, pensei: "Caramba! Essa é a roupa que me representa aqui!". Pois, até o momento daquela foto, eu ainda estava na pré-seleção, ainda poderia ficar de fora da casa. A partir daquele dia, daquela foto, é que foi para valer. Então, eu quis usar sempre a roupa que me levou a entrar no *Big Brother*.

Claro que gosto de estar bem-apessoado, mas também entendo que não preciso de tanta roupa, até pela questão da sustentabilidade. É preciso ter o suficiente para me vestir. E eu ainda vou repetir muito minhas roupas, sim!

# É do Vigor!

A história dessa alcunha começou com uma amiga minha, a Raquel. Tínhamos que estudar bastante na faculdade. E, em determinado período, eu estava indo muito mal em todas as disciplinas. Era muito trabalho, muita coisa na cabeça... Então, ela me disse: "Amigo, tem que vigorar! Se não vigorar, não vai dar certo". Depois disso, comecei a me dedicar muito aos estudos e consegui tirar dez numa prova. A sensação de vitória foi ótima, e segui firme estudando. Em seguida, veio mais um dez e... depois outro! Aí pensei: "Rapaz, gostei! Eu sou do vigor!". E amei tanto essa palavra que acabei a incluindo no meu vocabulário e não a larguei mais. Na faculdade, por exemplo, não dava bom-dia, dizia "Vigora!", "Tá vigorando!", "Bora vigorar!". Tudo era vigor, por isso as pessoas me apelidaram e ficou "Gil do Vigor".
No fim das contas, acho que isso me descreve bem. Sempre fui de vigorar, de me entregar na vida. Sou intenso

em tudo que eu faço, seja na família, na igreja, nos estudos, seja com meus amigos. Então, sou do Vigor! Achei bonito, atualmente, quando saí do programa e vi muita gente usando o termo "vigor". Tenho fãs (Que chique! Nunca pensei que teria fãs!) que colocam "Vigor" no nome lá no Instagram. É como se fôssemos todos da mesma família. Uma família unida pela intensidade e pela cachorrada. Se todo mundo vigorar, o Brasil não estará mais lascado.

# E me tornei uma fábrica de memes

Quando saí do *BBB*, comecei a ver os vídeos e os posts na internet. Não tinha a menor noção de que teria aquele alcance. Eu tinha uns 7 ou 8 mil seguidores quando entrei no programa — a maior parte árabe. Ou seja, tudo comprado. Como tinha pouco dinheiro, foi o que deu para comprar de seguidores... Achei que ter uns 10 mil pudesse ser bom para impressionar o Boninho e entrar no *Big Brother*.

Mas, ao chegar à cadeira elétrica — que é uma fase de entrevistas com pré-candidatos selecionados para o programa —, já fui falando que comprei seguidores para me exibir... ainda bem que eles me disseram que o número de seguidores não era levado em conta na seleção.

No programa, e com aquele elenco maravilhoso dessa edição, passei a viver altos e baixos, e levo muita coisa para a minha vida. Sarah é irmã, é amor. Ela me apoiou muito, e eu desabei de verdade quando ela saiu. Me sentia mal, me sentia culpado; aquele choro foi de raiva por

ela ter saído, por achar que eu poderia ter causado aquilo. Só soube depois que não era nada do que eu pensava. Tem a Ju, que admiro demais. Que, mesmo com as nossas brigas (irmãos ou pessoas muito parecidas brigam o tempo todo, minha gente), ela falava que gostava de mim, e é sincero. Saber brigar e passar por cima disso é importante, é uma capacidade linda dela.
O Fiuk, além de todo o amor e carinho, se abriu, desabrochou durante o programa. Ele se permitiu ser mais livre. E isso é lindo e admirável.
Cami, que era muito serena e coerente, também me marcou muito. E tem a Pocah, de quem vou falar um pouco mais a seguir.

Ao sair da casa, fui avisado de que era o *big brother* homem mais seguido da história do programa, e que minha participação rendeu uma porção de memes na internet. Por exemplo, fiquei chocado ao saber que a discussão com a Pocah (a quem me conectei no decorrer do programa e respeito demais) tenha rendido tanto. Para quem não viu ou não se lembra, foi depois de um Jogo da Discórdia. Eu disse que acreditava que Pocah não levaria o prêmio, e ela veio tirar satisfação após a dinâmica. Eu estava tão mexido que pedi que ela não falasse comigo naquele momento. Mas ela insistiu, e eu explodi. Não tenho orgulho daquele momento, não. Foi um dos meus excessos. E, no meio de tudo, soltei uma expressão muito usada em minha terra:

— Não vim do lixo pra perder pra basculho.
— O que é "basculho", Gil? — ela me perguntou.
— Não interessa — retruquei, pois também não sabia o que era e quis manter a linha.

Assim que saí da casa, a Ana Clara, no *Bate-Papo BBB*, me contou que "basculho" foi uma das palavras mais procuradas no Google naquela semana!

E isso tudo sem contar os outros memes e frases que viraram bordões. Um fato curioso é o de que você pode saber como estou justamente através dos bordões. Como? Essas coisas todas que falo estão diretamente relacionadas ao meu estado de espírito. Se estou triste, não falo "ai, Brasiiiil!", nem "regojijo". Eu preciso estar feliz, é uma condição do meu corpo. Quando estou mal, fico muito sério. A irreverência é minha forma de colocar para fora a minha alegria. A minha plenitude. Se estou na *bad*, eu não consigo. Fico pensativo. Fico reverente.

E, como o livro é meu, vou juntar bordões e expressões a seguir.

# Dicionário do Vigor

*Ai, Brasiiiiiiil!*
1. Usado para exprimir uma emoção de euforia, uma sensação de excitação;
2. Expressão que surgiu de uma brincadeira com meus amigos em que eu falava que seria famoso. Sendo então uma pessoa conhecida, dizia "ai, Brasil", como se eu estivesse falando com todos os brasileiros. No *BBB*, o Brasil estava me ouvindo de verdade e foi incrível esse sentimento.

*Basculho*
1. Tão ruim que é menos que lixo;
2. É o que não serve para nada, ficando abaixo do lixo;
3. Palavra usada em uma expressão regional antiga do Nordeste: "Não vim do lixo pra perder pra basculho".

*Botar pra torar*
1. Colocar força no que você está fazendo;

2. Fazer com garra, com vigor;
3. Surpreender as pessoas;
4. Mostrar que conseguimos alcançar os objetivos com muita garra;
5. Pode ser difícil, mas fui lá e fiz bem-feito.

*Cachorrada*
1. Colocar para fora sentimentos e emoções, sem medo de nada;
2. É como um grito que fica preso — ou por medo de crítica da sociedade, ou por ser agressivo — e que colocamos para fora;
3. Safadeza.

*Eu tô indignado!*
1. Exprime emoções de raiva;
2. Descontrole;
3. Estar consternado com uma situação;
4. No cenário do programa, comecei a perceber que as pessoas manipulavam — na minha cara — e atribuíam a mim coisas que eu nunca disse. Fiquei muito chateado. Mas aquilo não cabia em mim, então explodi e não tinha outra expressão para descrever: eu estava indignado. Hoje, ao ver o vídeo, a gente tenta levar na graça. Mas ainda mexe comigo. Eu, na vida, sempre fui muito honesto. E a manipulação e a mentira me dão raiva. Achei que soubesse lidar com isso, mas fiquei assustado. A gente fala muito sobre problemas psicológicos. E eu sou uma pessoa

que qualquer coisa pode me tirar do sério. Lá no jogo, descobriram muito cedo esse meu ponto fraco. E usaram isso contra mim algumas vezes.

*O Brasil tá lascado!*
1. Encrencado;
2. País precisando de ajuda;
3. No programa, quando falei com a Lumena, era em relação à realidade do Brasil mesmo. Economia, educação, arte, esporte... Numa crise como a que vivemos, cortam verba justamente da educação. E isso é um absurdo, vira um poço sem fundo. Os recursos do país são escassos e, sem administração competente, a gente pode dizer que "o Brasil tá lascado";
4. É um período de crise, um período complicado. Para sair da era lascada, temos que ter uma liderança firme, competente, centrada na ciência, em valores democráticos e no desenvolvimento sustentável.

*Regojijo*
1. Brincadeira com a palavra "regozijo";
2. Uma alegria extrema. É a máxima da alegria;
3. Quando você se enche de felicidade;
4. É interessante que roubei esse verbete de um amigo meu. Quando estava na missão, tive um companheiro chamado Elder Santos. E eu costumava usar uma frase: "Que alegria!". E esse companheiro, um dia, devolveu: "Que alegria e que 'regojijo'!". Ele falava que minha alegria era tão plena que não cabia apenas naquela palavra

e virou "regojijo". Ele falou poucas vezes, mas gostei e introduzi no meu vocabulário.

## Tchak Tchak
1. "Regojijo";
2. Animação e alegria;
3. Uma das manifestações da cachorrada;
4. Eu ouço muito uma música chamada "Jai Ho" (do indiano A. R. Rahman, trilha sonora do filme *Quem quer ser um milionário?* e adaptado pelo grupo The Pussycat Dolls para o inglês). No refrão, há um sonzinho ao fundo, meio batucado, e eu cantava como "tchak tchak". E virou uma mania para mim. Antes de entrar no *BBB*, o processo seletivo estava complicado. Quando eu desanimava, colocava "tchak tchak" para tocar umas trinta vezes, repetidamente, para me animar. Ao ser selecionado, no começo do programa, tudo o que eu fazia me remetia a essa música, por isso a cantei tanto! A canção vinha como um apoio emocional.

## Vigorar
1. Botar pra torar;
2. Ter dedicação total no que faz;
3. Ter comprometimento;
4. Se colocar de corpo e alma;
5. Superar obstáculos;
6. Por mais difícil que pareça alcançar um sonho, quanto mais a gente se dedica, quanto mais a gente vigora, nossa capacidade de realização é maior. É com vigor que a gente consegue fazer tudo.

*Vigorosos*
1. Grupo de pessoas obstinadas e dedicadas;
2. Quem precisa batalhar para conseguir algo;
3. Hoje, também foi adotado para designar pessoas que admiraram Gil do Vigor (obrigado a você!).

Aprendam a dançar o Tchak Tchak, minha gente!

**Tem que vigorar!**

## Sobre *fake news* e Teoria dos Jogos no *BBB*

Aproveitando ter falado dos meus memes, também me surpreendi quando, ao sair, percebi que muita coisa séria que disse lá dentro da casa também acabou chamando a atenção das pessoas. Em uma de minhas conversas, falei de economia, Teoria dos Jogos[3] e de... *fake news*! Em tempos em que o assunto é tão importante, e as mobilizações em torno de notícias falsas conseguem até eleger candidatos pelo mundo inteiro, acho importante eu colocar, aqui, um pouco dessa teoria.

Em economia, existe o conceito de "agregados econômicos", representados por desemprego, inflação etc. Há vários fatores que podem deslocar as curvas desses agregados, fazendo a economia se modificar, sendo a expectativa ou a incerteza o mais importante. Um cenário de

---

[3] "Entenda de uma vez: o que é a Teoria dos Jogos?." *Superinteressante*. Disponível em: <http://super.abril.com.br/comportamento/entenda-de-uma-vez-o-que-e-a-teoria-dos-jogos/>. Acesso em: 18 maio 2021.

incerteza afeta os bilhões em dinheiro de bancos, o desemprego, a inflação... Como economista, conheço muito bem o poder de uma expectativa, que tem a capacidade de transformar tudo. E não podemos esquecer que a economia muda porque as pessoas mudam. Mas muitos pensam que a economia trata apenas de números, da análise de valores finais. No entanto, esses valores finais são o resultado de comportamentos individuais e específicos provenientes das reações dos indivíduos diante de algo.

Isso é interessante, por exemplo, para falar sobre *fake news*, que é, em suma, uma mentira.

Digamos que eu seja um político candidato em uma eleição e que tenha feito uma besteira muito grande. Sei que, nessa eleição, minha besteira pode vir à tona. O que faço, então, para me prevenir disso? Crio uma mentira bem cabeluda sobre mim mesmo, mas reservo uma prova que garanta que aquela mentira é uma mentira. Peço para alguém lançar a tal mentira na internet e... pá! *Fake news*!

Como consequência, todo mundo começa a me atacar, e justifico com um "Não, gente. Não foi assim". Então, espero algum tempo até que a informação tenha se espalhado bastante e revelo a prova guardada de que sou "inocente". Veja só: eu mesmo plantei a *fake news* e arrumei a prova de que a informação era uma mentira. E o que acontece depois? Todos vêm até mim se desculpar, dizendo que me julgaram errado.

As pessoas começam a me ver sob outro aspecto, e esse olhar acaba se espalhando como um "efeito de contaminação". Ou seja, como aquilo foi mentira, qualquer informação negativa que aparecer sobre mim causará dúvida em quem escuta: "Pô, da outra vez foi mentira. Será que dessa vez é verdade?". Mesmo quando a notícia negativa for verdadeira, não terá tanta influência na carreira do candidato. E toda essa reação afeta imensamente o resultado das eleições. Por isso, esse campo tem sido alvo de pesquisa por muitos economistas.

Sempre que existe alguma informação negativa sobre um candidato, a probabilidade de que ele seja eleito diminui. Mas, se ele conseguir usar a *fake news* para gerenciar essa ação, pode controlar as influências externas e, muito provavelmente, se eleger.

Na casa do *BBB*, as informações — verdadeiras ou não — que são lançadas mexem com a cabeça dos confinados. No fim das contas, o *BBB* é um jogo sobre como os indivíduos reagem a essas informações. Algo muito parecido com os estudos da Teoria dos Jogos.

Indivíduos reagem a determinadas influências, e a Teoria dos Jogos trata basicamente de expor as pessoas a certas situações e analisar como elas reagem aos chamados "choques". Por exemplo, falando de economia, dou um choque de demanda[4] e observo. Em seguida, as pessoas começam a se movimentar. Existe uma curva

---

[4] O choque de demanda pode ocorrer devido a alterações na preferência do consumidor — que passa a consumir mais ou menos alguma coisa —, podendo causar fortes desequilíbrios com relação à oferta e, por consequência, alterações nos preços.

**Tem que vigorar!** 95

de demanda e uma curva de oferta, e elas se transformam não quando apenas um indivíduo se mexe, mas sim quando um efeito age em todos os indivíduos.

Então, basicamente é sobre isso o *BBB*: indivíduos e informações que chegam o tempo inteiro para os confinados e a reação de todos eles a essas informações, que podem ser um paredão falso, uma prova do líder, o Jogo da Discórdia etc. Esses elementos é que conduzirão a dinâmica do jogo.

Por isso que esse jogo do *BBB* é bonito — e intenso! Quem fica até o fim merece aplausos porque é muito merecedor. E cada um que ganhou uma edição do *BBB* foi por um aspecto particular.

## Mordendo a boca

Por ser bastante ansioso, eu roía muito a unha. Antes de entrar no *Big Brother*, assisti a um vídeo que falava sobre a seleção do programa. Em uma das etapas, eles diziam algo assim: "Se uma pessoa rói unha, demonstra insegurança. Nesse caso, as pessoas podem a ver como alvo fácil, alguém que pode ser eliminado facilmente".

Foi aí que pensei: "Então, não posso roer unha". E criei outro mecanismo para não fazer isso, passando a morder os lábios.

Como se vocês não fossem notar... Tolinho eu, não?

## Gay, negro e nordestino

Eu sou um homem negro. Mas não conseguia falar isso para as pessoas. É curioso como muita gente fala que é "morena", com uma tendência a fugir da palavra "negra". Como se apagasse alguma discriminação. E, pelo contrário, quando fazemos isso, estamos reafirmando preconceitos.

Mas é isso, deixo aqui, registrado para o mundo: sou uma bicha preta e nordestina.

Quando entrei no *BBB 21*, vi muitos pretos ali e pensei: "Que bom! Vão olhar para mim e se identificar". Mas, entre eles, disseram que eu não era preto. Isso — que só fui saber depois, ao sair da casa e assistir a alguns vídeos, pois falaram pelas costas — me machucou muito. E me senti muito mal. Sei quem eu sou, levei muito tempo para me aceitar. E não posso negar quem sou, meu sangue, minhas feições, minha pele.

Li o livro *Quando me descobri negra*, de Bianca Santana, e ele me ajudou demais, foi um marco para mim.

Bianca fala justamente isso: que passou parte da vida se considerando "morena". Mas a realidade é outra, de nós entendermos quem somos, de onde viemos, nossos traços. Ao ler essa obra, me deparei com questões profundas pelas quais tentava não refletir muito — novamente, a falta de apoio psicológico —, e pude me conectar: eu sou preto! E quem não quiser entender, que se lasque.

# Sou indestrutível

"*E vou dizendo/ Tudo vai ficar bem/ E as minhas lágrimas vão secar/ Tudo vai ficar bem/ E essas feridas vão se curar* [...]"
    Perdi a conta de quantas vezes eu chorei ouvindo a música "Indestrutível", da Pabllo Vittar.
    A Pabllo é muito importante para mim e para muita gente. Ela exerce uma representatividade de luta e de batalha. Olho para a Pabllo e vejo alguém que foi criticada, apontada por seu "jeito", ridicularizada. E não desistiu. Foi corajosa e ganhou o mundo! Por seu talento, por sua garra e por seu "jeito". Ela deu a cara a tapa e vigorou.
    Entre 2018 e 2020, vivi anos muito difíceis. De muito conflito. De muitas negativas que fui recebendo da vida. Me formei em economia pela Universidade Federal de Pernambuco (UFPE) em 2019. Na universidade, me tornei muito amigo de Flávio. Fizemos muitos planos de vida juntos. Ele é sensível, inteligente, um amor. Ele é noivo de Marina, e eu brincava que era o terceiro, que a gente seria um "trisal". A verdade é que nossa

amizade é uma das coisas pelas quais mais prezo. E a gente queria fazer o phD juntos, fora do país. Era algo tão certo na nossa cabeça que conseguimos monitorias juntos, toda a universidade falava: Gil e Flávio vão para o phD juntos. A gente planejou tudo certinho. No topo da minha lista, sempre esteve o da Universidade da Califórnia, em Davis.

Até aí, tudo bem. O problema começou com as provas — as chamadas *applications* — para a admissão em um phD. Havia duas provas, o *Test of English as a Foreign Language* (TOEFL) — que avalia quatro habilidades: ler, ouvir, falar e escrever em inglês — e o *Graduate Record Examination* (GRE) — que mede habilidades e o que você aprendeu, e que pode ser específico para cada área do phD escolhido.

As provas eram caras. Meu inglês era de YouTube, aprendia assistindo a vídeos on-line. No meu primeiro GRE — cuja prova, com o valor do dólar na época, ficou cerca de mil reais —, o teste valia de 130 a 170, e a nota de corte era 160. Eu pontuei 150. Fiquei arrasado. Não tinha dinheiro para repetir a prova. Flávio, meu companheiro inseparável, meu mais perfeito par do phD, passou. Ele foi, e eu fiquei.

Passei um ano focado no inglês, estudando muito. E, no ano seguinte, sem dinheiro e com o valor alto da prova, decidi fazer empréstimos para pagar o GRE. Nota de corte, novamente, 160. Eu fiz 159. Mais um empréstimo, para mais uma prova. Fiz, novamente, 159. E eu me perguntava: "Por quê?". Ao mesmo tempo, estava tentando entrar no *BBB*, outro sonho, por dois anos. E também não dava certo. Comecei a entrar em um processo depressivo. Sofria e parecia que nada dava certo. Foi quando ouvi a música "Indestrutível". A Pabllo cantou para mim (pois eu sentia como se ela estivesse cantando diretamente para mim). Ela falava que "tudo vai ficar bem", era a isso que eu me apegava. Quando estava mal, confuso, deprimido, eu entrava na internet, colocava o vídeo da música e chorava, chorava, chorava. E o que ela falava me passava uma força, que eu conseguia sair um pouco daquela tristeza. E, quando entristecia, eu ia lá e chorava de novo.

Em 2020, tentei de novo. Dessa vez era o TOEFL que eu precisava fazer. Por causa da pandemia, tive que reagendar o processo. A data mais próxima era novembro e em Fortaleza. Fiz mais empréstimos, cheguei na faculdade, no endereço indicado, e uma moça que trabalhava lá me disse:

— Não tem prova aqui, não.

Fiquei nervoso, voltei para a casa do meu amigo, onde estava hospedado, e mandei o vídeo para a inscrição do *BBB 21*. Estava chorando, muito mal, antes de gravar. Mas gravei e mandei.

Fiquei semanas tentando conseguir um reembolso e reagendar o TOEFL. Até que consegui. E ele foi reagendado junto com uma novidade que me deixou em choque: havia sido chamado para a cadeira elétrica, que, como contei, é a entrevista de pré-candidatos selecionados ao *BBB*. A prova foi uma semana antes da cadeira

**Tem que vigorar!**

elétrica, e eu só pensava no *BBB*. Abriram uma vaga em Recife, fiz a prova e consegui passar, graças a Deus! Passei também na seleção para o *BBB 21*. E, em todos os paredões, me perguntava se Tiago Leifert iria me dizer se eu tinha passado ou não para algum dos phDs para os quais tinha me inscrito.

No *BBB*, tive um privilégio: Pabllo se apresentou em uma das festas e cantou "Indestrutível". Ali, ela cantou sabendo quem eu era. Eu chorei. Ela chorou. Dessa vez, meu choro foi diferente. Tinha uma melancolia misturada à gratidão. As coisas, finalmente, pareciam andar. Eu estava onde sempre sonhei. Onde meus bonequinhos passaram anos e anos em minhas brincadeiras. No programa que me distraía de um mundo muito complicado, com sua piscina e suas dinâmicas.

Saí do reality com a notícia de que eu tinha passado no phD. E, quem diria, com bolsa em duas universidades! E uma delas era a do topo da minha lista.

Com o que fui ganhando, por ter participado do programa, paguei as dívidas que tinha com o banco — dívidas que fiz para poder participar daqueles testes todos. E, em setembro de 2021 — poucos meses depois de colocar um ponto-final neste livro, que era algo que eu nem sonhava que faria um dia —, vou começar meu phD.

Pabllo, quando eu estava em um dos piores momentos da minha vida, garantiu para mim: "Tudo vai ficar bem". Eu acreditei. E ficou. Obrigado, Pabllo.

Tudo vai ficar bem!

# Profecias autorrealizadoras

Ao escrever o capítulo anterior, ficou claro que tenho uma baixa autoestima, pois me foi ensinado a ser assim. Já ouvi de um professor que nem deveria entrar para o mestrado, porque não ia conseguir terminá-lo; quando decidi pela missão, na igreja, diziam que eu não passaria nem dois meses nela.

Comecei a ter minha autoestima minada; a achar que tudo fosse culpa minha (e ainda acho). Acreditava demais que o acompanhamento psicológico fosse importante, mas não tinha dinheiro, estudava e trabalhava muito, ficando sem tempo. Fora que nem sabia onde poderia achar alguma coisa assim para um menino pobre como eu era.

E as pessoas ainda tendem a profetizar a vida do outro. Sabe quando começam a falar:

"Você não vai conseguir vencer na vida!"

"Não espere ganhar mais do que um salário mínimo!"

"Você não tem capacidade de entrar em uma boa universidade."

"Vai estudar para quê? Não vai conseguir emprego nessa área mesmo."

Eu nunca tinha parado para pensar nesse monte de "nãos" que recebemos até entrar na graduação e uma professora dizer na aula: "Não acreditem nessas profecias autorrealizadoras (ou autorrealizáveis). Isso é o meio tentando colocar limites em você. São barreiras que a sociedade impõe para que você acredite nelas e não consiga alcançar suas metas".
Foi aí que pensei: "Veja só, as pessoas tendem a limitar a vida do outro!". Por inveja, por maldade, por fofoca, por terem uma vida medíocre... Mas elas te colocam para baixo o tempo todo. Nesse caso, de tanto as pessoas falarem, aquilo se torna uma verdade em nossa cabeça. Nós pensamos: "É mesmo, eu não consigo passar desse ponto". A profecia dos outros — invariavelmente, para te colocar para baixo — se torna real em você.
A psicóloga do *BBB* foi muito importante para mim. Entendi ainda mais que preciso de apoio, que quero fazer uma boa terapia, que preciso disso. Compreendi melhor também que sempre tive uma voz dentro de mim que me coloca como inferior. Tanto que, mesmo dentro do *BBB*, meu maior medo era sair e o Boninho falar que tinha se arrependido de me colocar lá dentro. Tinha medo de a produção dizer que eu tinha sido um erro. Fui muito sincero, desengonçado, incoerente. Ficava pensando que ia sair com 99% de rejeição e que o povo me detestava. Tinha criado um "livro de regras" na minha cabeça e fiz tudo ao contrário! Hoje,

analisando e vendo as coisas de fora, acho que eu ia gostar de mim se fosse um telespectador e me assistisse. Mas, lá dentro, esse sentimento de rejeição me rondava.

Para essa voz, eu nunca poderia ser o melhor em alguma coisa; nunca seria inteligente o suficiente; nunca seria bonito o suficiente; nunca seria pleno em nada. Imagine você, eu fui programado para achar que uma pessoa feito eu, no máximo, trabalharia numa empresa importante, como a Globo, como estagiário.

Ainda hoje, mesmo tendo conseguido entrar no programa, ser amado por tanta gente, com meu phD, contratado pela Globo, tenho que me lembrar, o tempo inteiro, que não sou menos que ninguém.

Essa minha realidade, hoje, muitas vezes assusta. É como se estivesse vivendo uma vida que não é minha. É como se eu não merecesse. E sabe de onde vem isso? Do sentimento de inferioridade. Das profecias autorrealizadoras.

Quando acordo, todos os dias, agradeço. E preciso repetir — muitas vezes — que sou merecedor do que estou vivendo.

Para você, gostaria de deixar afirmações positivas. E que estas, sim, sejam suas profecias autorrealizadoras:

- Você vai conseguir vencer na vida;
- Batalhe e terá uma condição financeira excelente;
- Você tem a capacidade e a inteligência para trilhar o caminho que quiser e para ter uma boa bagagem profissional e pessoal;
- Estude, com vigor e amor, e aprenda coisas novas;
- Você é um ser humano único e merecedor.

Cauê Moreno

# Discurso na prefeitura

O carinho que recebo das pessoas é algo que até agora não consigo medir. Eu cheguei a Paulista (PE), onde minha mãe mora, com carreata, homenagens... até da prefeitura! E as pessoas me elogiaram muito pelo discurso que fiz lá. Por isso, queria deixá-lo registrado em meu livro, pois falei de coisas muito importantes e em que acredito sobre a desigualdade social:

"Como eu, existe muita gente que sofre, que batalha todos os dias, enquanto outras pessoas não precisam ter a mesma preocupação. Considero essa diferença extremamente difícil e errada. Por que temos que correr mais para chegar a determinado lugar, enquanto o outro pode correr menos? Por que eu volto para casa cansado da faculdade e o outro, descansado? Acredito que a corrida e a caminhada devam ser iguais para todos. Cadê a esperança, a expectativa de que algo bom pode acontecer? Essa competição é desleal. Durante muito tempo, essa situação me travou bastante, porque parecia que estava falando sozinho. Queria gritar e gritar, e ninguém me ouvia, até que pensei: 'Vou ter que gritar na Globo! Lá, eu vou conseguir falar'. Então, agradeço a Deus por ter tido a oportunidade de participar do *BBB*. E, é preciso lembrar, sou igual a todo mundo. O que há em mim é o que há dentro de todas as pessoas: nós estamos todos na cachorrada! Ninguém é perfeito, ninguém sabe tudo e ninguém é melhor do que ninguém. Assim, precisamos cada vez mais compreender que todas as pessoas valem muito!

Minha maior conquista — e sou muito grato por isso — é saber que o público compreendeu que a minha luta é demonstrar que precisamos focar a educação. E falar muito sobre sua importância! Prometi no meu vídeo de inscrição do *BBB* falar sobre educação e cumpri. Afinal, falar bonito e não cumprir não adianta, estamos cansados disso. Precisamos de promessas cumpridas e de ação! Sim, mais ação e menos falação! Todos juntos pela educação. Viva a pesquisa e viva a juventude! E que, aliás, a cachorrada do jovem seja estudar."

# O amor move o mundo

Vai parecer cafona o que vou falar aqui, e pode me chamar de cafona, pois é nisso em que acredito: o amor é a lei universal. Tudo só anda se estiver sincronizado ao amor. Por exemplo, para falar de algo bem prático em que acredito que o amor pode revolucionar: economia é um curso de elite, e eu sei disso. Na UFPE, em especial, há muitas bolsas disponíveis, mas somente porque lutamos demais por elas. Há diversos projetos de alta relevância na academia, assim como os da nossa área, que infelizmente não conseguem obter esse apoio. Aliás, nos últimos tempos, a ausência de incentivo e os cortes orçamentários cada vez maiores nas pesquisas científicas e acadêmicas têm comprometido imensamente o desempenho de estudantes e universidades.[5]

---

[5] "Corte de R$ 1 bi restringe assistência e extensão de universidades federais." *Uol Educação*. Disponível em: <https://educacao.uol.com.br/noticias/2021/05/corte-de-r-1-bi-restringe-assistencia-e-extensao-de-universidades-federais.amp.htm>. Acesso em: 18 maio 2021.

Vários colegas meus tiveram que abandonar os estudos no doutorado ou no mestrado porque precisaram procurar emprego, já que sem bolsa fica extremamente difícil conciliar o estudo em período integral e garantir comida na mesa.

Entretanto, voltando ao curso, estudei economia justamente para voltar o meu olhar para quem mais necessita. Creio que possa vir a trabalhar em algum órgão que de alguma forma tenha uma importância grandiosa, que mexa com vida, emprego, renda. E, quando eu falo de cargos como esses, defendo que precisamos de muito amor. Só dá para trabalhar nesses lugares se você ama as pessoas — e sei que amo muito o Brasil.

Amo muito as pessoas com a mesma história que a minha, que são sempre as mais afetadas. É sempre a galera de baixo que "paga o pato". Em épocas de crise, então, é um "Deus nos acuda".

Por isso, acredito na educação, acredito que as pessoas precisam ter garantidos um ensino de qualidade e o direito ao transporte e à locomoção. Acredito, ainda, que os esportes sejam essenciais para que se tenham oportunidades melhores, para um futuro mais iluminado.

Penso muito nisso quando estudo, no meu phD, nos meus planos. Mas de nada adiantaria — estudo nenhum, dinheiro nenhum — se eu não tivesse amor dentro de mim e guiando minhas ações. Eu sou falho — acho que vocês perceberam isso nas semanas que passaram comigo na TV —, não sou perfeito. Mas eu tento o meu melhor. E eu não seria nada se não fosse esse sentimento de amor que me guia.

"Gil me cativou por seu lado humano. Humano apaixonado pela vida. Humano que erra, que acerta, mas que se olha com amor.

O Gil me conquistou pelo tanto de risada que ele me fez dar num momento tão difícil de nossa vida. E ele, sem dúvidas, fará parte de nossas lembranças mais alegres do ano de 2021."

Deborah Secco

# Posfácio

Certa vez, na época em que eu era missionário, fui pregar em Araçoiaba da Serra (interior de São Paulo). Nesse período, havia trancado a faculdade para fazer a missão e nem sabia ao certo como ficaria minha situação na graduação quando retornasse.
 Então, durante o almoço na casa de um irmão da igreja, disse a ele:
 — Depois da missão, eu vou voltar para a minha casa, terminar minha graduação, fazer um mestrado e cursar o doutorado nos Estados Unidos: ou em Harvard, ou na Califórnia.
 E ele começou a rir muito de mim. No entanto, não me deixei abalar e reafirmei:
 — Tenho certeza de que vou fazer tudo isso que falei! Não importa como vai acontecer, mas os meios Deus vai prover; e eu vou me comprometer a me esforçar para chegar lá.

Ainda assim, ele pareceu não levar a sério. Era como se estivesse falando de algo impossível. Uma loucura qualquer de minha cabeça.

E comecei a batalhar e a desejar com toda a força que meus planos se concretizassem. Claro que muitas vezes achei que não fosse conseguir, que não tinha capacidade ou que aquele sonho fosse muito grande para mim, como se não fosse merecedor.

Mas tinha algo no meu interior que gritava para que eu não paralisasse.

Em alguns momentos, era como se houvesse uma barreira diante de mim, me sentia exausto e pensava: "Caramba, me esforço tanto para fazer o bem para os outros... muitas vezes deixo de estudar ou de fazer coisas para mim mesmo para ajudar quem precisa". Mas, no fundo, sabia que se eu fizesse a minha parte, se fosse bondoso com as pessoas, se sempre ajudasse o próximo, no momento certo, o que fosse meu viria.

Tentei a admissão para o phD por dois anos e não fui aceito. Também por dois anos tentei entrar no *BBB* e não deu certo, mas não desisti.

E, agora, Deus me mostrou que o problema não era falta de capacidade nem de qualificação, apenas não havia chegado o momento certo. Sim, as coisas aconteceram quando tinham que acontecer. Entrei no *BBB* e Deus me deu a honra de ser admitido para cursar o phD em três universidades norte-americanas, em duas delas com bolsa, e pude escolher a que estava no topo da minha lista, a Universidade da Califórnia.

Assim, quero deixar registrada esta mensagem para você que está lendo: sei o que é viver sem ter nenhuma esperança. Sei também o que é ouvir de todos que eu sonhava demais, que era completamente doido, que vivia num mundo paralelo imaginário e que precisava "acordar". Desejo agora que essas pessoas compreendam que eu nunca fui louco, que nunca sonhei demais e que tudo pode se tornar realidade porque, quando a gente quer, quando a gente batalha, Deus provê um meio para que o sonho aconteça.

Falando em sonho, desde 2014 vinha tendo um sonho que se repetia frequentemente. Isso começou quando vivia no bairro Vista Alegre, em Jaboatão. Ele sempre se passou na frente da casa em que morava. Nele, eu estava do lado de fora e muita gente me encarava na rua. De repente, uma voz dizia:

— Você sabe voar.

Eu, parado, escutava aquela voz:

— Voa para que as pessoas vejam. Voa, Gil, voa.

Uma luz me cercava, e eu saía voando. E continuava a voar, alegre e cada vez com mais luz. Esse sonho se repetiu tanto em minha vida que até comentei sobre ele no *BBB*.

Lá dentro, comecei a entender que voar na frente de muitas pessoas, no sonho, representava o *BBB*. Eu estava "voando", me mostrando para as câmeras. Para o Brasil inteiro. Na noite anterior à minha eliminação, tive esse sonho mais uma vez. Foi quando entendi que sairia.

Ao sair da casa, vi que esse voo era ainda maior: saí amado, consegui ganhar algum dinheiro, conquistei meu phD. Só então entendi o sonho. Deus me dava esse sonho para dizer que eu não pararia. Quando saí e vi toda a repercussão de meu caminho no programa, quando vi pessoas se sentindo representadas, foi muito especial. Aqui fora, por diversas vezes, ouvi amigos e pessoas que me querem bem repetindo: "Voa, Gil!".

A profecia que se realizou para mim era muito maior do que aquela das pessoas que me colocavam para baixo. Eu me aceitei, venci e estou realizando meus sonhos.

Por isso, digo a você que, se tem um sonho, se quer muito uma coisa, vigore, se esforce e acredite que vai dar certo!

Voa! Tudo vai ficar bem. Eu acredito que você pode vigorar.

E você? Acredita?

# Agradecimentos

Agradeço a Deus e à minha família. Minha mãe, Jacira, minhas irmãs, Juliana e Janielly: vocês são meu alicerce.

Agradeço aos meus amigos verdadeiros, aqueles que nunca me abandonaram.

Agradeço aos meus fãs vigorosos, que me apoiaram no *BBB* e que me apoiam agora. O amor de vocês é um tesouro para mim. Saibam que eu sou muito grato e que amo vocês.

Agradeço ao meu editor, Guilherme Samora, por ter acreditado em minha história.

Agradeço à Globo Livros pela oportunidade.

E, finalmente, mas não menos importante, quero agradecer a você, que me acompanhou neste livro. Espero ter sido uma boa companhia e que você vigore muito em sua vida.

Com amor,

Gil

Cauê Moreno

Este livro, composto na fonte Fairfield,
foi impresso em papel pólen bold 70 g/m² na gráfica Elyon.
São Paulo, junho de 2021.